Markus B. Bolli

BABA POEM III

Bibliografische Information der Deutschen Nationalbibliothek: Die Deutsche Nationalbibliothek verzeichnet diese Publikation in der Deutschen Nationalbibliografie; detaillierte bibliografische Daten sind im Internet über dnb.d-nb.de abrufbar.

TWENTYSIX – der Self-Publishing-Verlag
Eine Kooperation zwischen der Verlagsgruppe:
Random House und BoD – Books on Demand

© 2018 Markus Bolli

Herstellung und Verlag:
BoD – Books on Demand, Norderstedt
ISBN: 978-3-7407-4844-9

Markus B. Bolli

BABA POEM II

Wirklichkeiten und Visionen

Lyrische Gegebenheiten über den Frieden

1. Des Friedens Allgegenwärtigkeit
2. Menschenfrieden
3. Menschlichkeit als Weg
4. Kultur der friedliebenden Welt
5. Die Wirklichkeit einer Möglichkeit
6. Wie die Pragmatik der Welt ins Gesicht schlägt
7. Weltenvernunft
8. Zeiten des Friedens
9. Erhoffnungen

Verschiedenes zwischendurch

10. Belesen, ungelesen und gelesen
11. Achte die Achtung , wie die Acht zur Unendlichkeit geworden ist
12. Von Bitte, bieten und Gebet
13. Auen, Länder und unendliche Weiten
14. Hochsein
15. Die Schönheit der gespielten Musik
16. Wie die Hand die Trommel spielt
17. Bewegung
18. Wie Klänge als Träume erscheinen
19. Klanglichkeiten
20. Wie Rhythmen die Welt beherrschen
21. Schönlich Klanglich

Glückseeligkeiten

22. Glückseeligkeiten
23. Das vierblättrige Kleeblatt
24. Marienkäfer
25. Freiheit der Glückseeligkeit

Die Freiheit des Klanges

26. Die Freiheit des Klanges
27. Welche Klänge auch zur Freiheit führen
28. Die unendliche Möglichkeit des Klanges
29. Die Besetzung
30. Kulturelle Freitönlichkeiten
31. Klangliche Freiheit
32. Wie der Mond wohl singt und klingt
33. Die transzendale Freiheit der Schwingung

Ein Papier voller Musik (lyrische Gegebenheiten)

34. Die kreative Vielfalt der gespielten Pause
35. Hinausgespielt
36. Hereinkomponiert
37. Hinwegtranskribiert

...und weitere lyrische Gegebenheiten...

38. Vom Schaffen, Schaffungen und geschafft sein und haben
39. Vom Verhelfen, Helfen und den kleinen Helferchen
40. Bildnisse von Menschen, Zeugnisse von Menschlichkeiten
41. Gesprochen, versprochen und ausgesprochen angesprochen
42. Vom Schwingen, Erringen und Gelingen
43. Vom Sein, Werden und dem werdenden Sein
44. Individuen, Ideale und sonstige Freiheiten
45. Gedachtes, denkendes und die glorreichen Andachten

Gegebenheiten über das Geben und Nehmen

    46. Die Erfüllung des Gebens
    47. Die Dankbarkeit des Nehmens
    48. Ihre Heiligkeit
    49. Vom Geben und Vergeben, Nehmen und Vernehmen
    50. Vernunft des Gebens
    51. Vergeben genommen
    52. Geben
    53. Nehmen

Gegebenheiten vom Bleiben, Verbleiben und der Bleibe

    54. Immerwährend niemalsbleibend
    55. Während und immerbleibend
    56. Währenddessen im Bleibtum
    57. Wo auch immer immerwährendes währt

Musikalistisches

    58. Geräusche und andere Gefilde
    59. Gefilde und andere Geräusche
    60. Tongefilde
    61. Geräuschlichkeiten
    62. Was alles so tönt und klingt auf unserer Welt

Lyrische Gegebenheiten über Authentizität und Echtheit

63. Authentisch und echt
64. Authentisch verführerisch
65. Authentisch musisch
66. Der Echtheit halber
67. Echt
68. Echtheit und Vergangenheit
69. Was ist wahrlich echt
70. Vom Echten, Achten und Ächten

...und noch weitere lyrische Gegebenheiten...

71. Frei erfunden (Über das Finden von Gegebenheiten)
72. Mit Gespür auf der Spur der Spuren oder Spurensuche

Lyrische Gegebenheiten über Bildnisse und Bilder

73. Bildnisse und Götzen
74. Bild
75. Bildnisse von Kultur
76. Bildnisse fürs Leben
77. Bilder im Walde der Bilder
78. Bildnisse von Zeiten oder Bildnisse der Zeit

...noch weitere lyrische Gegebenheiten...

   79. Artefakte (eine lyrische Erzählung)
   80. Skulptum
   81. Das Sakral der Menschlichkeit
   82. Freiluftskulpturen
   83. Reliquien aus freier Gestalt
   84. Stosszahn, Elfenbein und sonstige Affen
   85. Der Verlauf der Welt oder Wieviel sie auch kostet (Eine lyrische Gegebenheit)
   86. Freizügigkeiten
   87. Der Wegzoll zum Himmel
   88. Silhouetten verschiedener Dinge
   89. Warum ist der Schatten auch nur so dunkel und grau
   90. Von Anzug, Aufnahme und Langspielplatte

Lyrische Gegebenheiten über die Einfachheit

   91. Die Vollkommenheit der Einfachheit
   92. Vollkommen und einfach
   93. Vollkommen einfach
   94. Vollkommen
   95. Einfach

Stil

   96. Stilkultur
   97. Reinstilistik (Stil in Reinkultur)
   98. Zusammenfügungen von Stilistiken
   99. Der stille Stil
   100. Seltene Stile gründen tief
   101. Seltenheit der Stileinheit
   102. Was den Stil wirklich rar macht
   103. Dimensionen einer Stilkultur

Lyrische Gegebenheiten über den Geist der Musik

104. Lass die Musik spielen oder So spielt die Musik
105. Pantheon der Künste der Zeit
106. Wo die Musik wohl nach dem Ohre wohnt
107. ...und wie Musik auch Farbe erhält...
108. Wie klingt das was klingt
109. Und wie dann die Musik auf den Körper einher fliesst
110. Wie klingt das was nicht mehr klingt
111. Geister der Musik
112. Unsichtbar zum klingen bringen
113. Zum Schaffen eines Werkes
114. Wirkung eines Werkes
115. Das musikalisch künstlerische Werk
116. Vom Schaffen der Schaffung
117. Schaffensgründe diverser Individuen
118. Zur Einfärbung von Klängen
119. ...und was da alles zum klingen gebracht werden kann...

Ethos (Lyrische Gegebenheiten für die Zeit)

120. Wandelbare Kulturen
121. Kulturen im Wandel
122. Kulturen der Zeit/Kulturen der Ewigkeit
123. Jedem seinen Platz
124. Wandelnde Skulpturen
125. Wo die Ethik wohl stecken blieb
126. Ethik der Zeit
127. Von der modernen Wanderschaft
128. Leben und überleben
129. Wahlwanderschaften
130. Ethos (Eine lyrische Gegebenheit)

...und zu guter Letzt...

    131. Zum Menschen, Menschsein und der Menschlichkeit
    132. Kreativ, inspirativ und karitativ
    133. DU
    134. ...und was sodann wohl kommen mag...

Lyrische Gegebenheiten über den Frieden

1. **Des Friedens Allgegenwärtigkeit**

Allgegenwärtigkeit ist das was im Frieden tief innewohnt
Ihn nährt und seiend bleiben lässt
Der Friede ist in allen Gestirnen des universalen Körpers präsent
Sonne, Mond und dem Herzen des Menschen
Die Zeiten vollkommenen Friedens sind rar
So rar sodass wir nicht auf sie verzichten sollten
Sie kann pure Realität sein und aller Schicksal
Ob Atheist, Monotheist oder Polytheist
Friede ist

2. **Menschenfrieden**

Menschen unter Menschen
Menschen über Menschen
Menschen sind Menschen
Mensch sei Mensch
Menschen sollten Menschen sein
Mensch alles Mensch
Mensch ist Mensch

3. Menschlichkeit als Weg

Menschlichkeiten bedeuten Liebe
Menschenliebe als Weg zur Erhaltung der
Friedfertigkeit
In der Ethik der Menschen besteht der Friede als
seiendes Gut
Einfachheit ist nur schon eine Umarmung dessen
Der Beginn eines Weges
Das Ritual
So ist Menschenfriede von Nichten Illusion

4. Kultur der friedliebenden Welt

Kulturen entstehn
Kulturen bestehn
Kulturen vergehn
Die Kultur der friedliebenden Welt
Ist niemals ein Gefüge das zu verenden mag
Eher eine Blume die immerblüht
Nicht allzu pragmatisch als da sie Blüht und wieder in
sich selbst aufgeht
Ruht und und immer in die Blüte des Lebens zurück
einherzieht
Eine Kultur oder vielmehr die Kultur eines freien
Herzens

5. Die Wirklichkeit einer Möglichkeit

Weltenfriede ist niemals unmöglich
Die Wirklichkeit des Gegenteils nur in den Köpfen des
Menschen und derer Realität
Jedoch kann der Mensch die Möglichkeit bestehn
Sodass der Friede der Wirklichkeit innewohnt
Wirklicher Friede aus aller Liebeskraft
Sei die Wirklichkeit einer Möglichkeit
In Wirkung überall auf und ausserhalb unserer Mutter
Erde
In den Herzen der Geschöpfe
Im Diesseits sowie darüber hinaus

6. Wie die Pragmatik der Welt ins Gesicht schlägt

Die grösste Pragmatik der Welt ist der Glaube dessen
dass es nie nur Frieden auf dieser Erde geben kann
Auf Papier gedruckt
Im Schirme des Bildes dargestellt und erläutert
Andere meinen der Krieg gehört zum Frieden
Oder wie soll es denn auch sein
Glaube kann Berge versetzen
Aber die heiligen Berge des Friedens...

7. Weltenvernunft

Wer vernimmt denn die Weltenerde denn so wie sie geschaffen ist
Beim Einen das Schöpfertier oder auch nicht
Dem Andern die Entstehungsgeschichte oder überhaupt nicht
Weltenvernunft als der Regen der die Pflanzen nährt und hoch wachsen lässt
Zum Leben, welches den Andern zu leben sein lässt
Zum Menschen, welcher für die Welt da sein kann
Nicht zu viel Ästhetik zur Vernunft...
Weil es Wasser geben könnte, sollten wir auch trinken können

8. Zeiten des Friedens

Wer mag es schon nicht zu erträumen
Dass die Zeiten des Friedens immerwährend sein können
Sie allseiend sind mit all ihren Seiten und Nuancen
Zumindest wo es der Welt und den Lebewesen sehr weh tun kann
Die böse Macht des Unheils waltet
Wir hatten im Wandel der Zeit immer wieder Frieden
Nicht nur im Schädel des Menschen
Sondern auch alles Andere scheint des Friedens würdig zu sein

9. Erhoffnungen

Wenn die Hoffnung dann vergeht wenn es am Letzten ist
Da hofft etwas Anderes weiter
Kein Lebewesen auf unserem Planeten vergisst was zu erhoffen ist
Und was sie auch erhoffen
Die Wahrhaftigkeit der Verwirklichung ist immerwährend da
Was predigen die Ureltern dem Weltenkinde
Was zu erhoffen ist, ist auch zu erschaffen und zu erhalten
Sowie die Hoffnung ist nicht des Todes

Verschiedenes zwischendurch

10. Belesen, ungelesen und gelesen

Steht in den Wandregalen
Jahrhunderte oder Zehnte
Unantastbar und vergessen
Berührt und niemals verschwunden
Aus der Sicht in allen Augen
In Absicht auch ungelesen
In der Ferne ganz belesen
Als gelesen
Hier und nirgendwo

11. Achte die Achtung , wie die Acht zur Unendlichkeit geworden ist

Und wie die Acht zur Unendlichkeit wird
Sei die Achtung so sie geachtet wird und worden ist
Ohne die Acht keine Sieben
Ohne Neune so keine Acht
Was die Acht so gebracht
Das Universum sei gedacht
Die Acht in aller Andacht
Und das Werk sei vollbracht

12. Von Bitte, bieten und Gebet

Ach bitte du heiliges Kreuz
Was bietest du mir heute
Mein Gebet sei nicht gestohlen
Sondern gegeben wie auch dir die Weltenseel

13. Auen, Länder und unendliche Weiten

Wo nichts ist, sei alles
Wo auch alles ist, sei nichts
Wo auch nirgends das nichts sei
Wo immerwährend das nichts da ist
Wo immerwährend alles sei nichts

14. Hochsein

Berge sind wie die Seelen von Menschen
Erstreckt durch die ganzen Landen
Innig sei das Gefühl der Lüfte
Erlegen den Weiten des Universums

Ein wenig musikalistisches

15. Die Schönheit der gespielten Musik

Die gewisse Ästhetik vollendet und erschafft
Wohl zu Ohre und sanft dem Gemüt
Wo der Geschmack den Menschen auch hinträgt
Wie die Musik Seele und Geist ach so leicht bewegt
Da spielt die Musik wie das Rauschen des Meeres

16. Wie die Hand die Trommel spielt

Berührung wie die Tastbarkeit eines Körpers des
geliebten Menschen
Erklingt die Trommel als Weltengeräusch
Gespielt in den Rhythmen der Mutter Erde

...und wie die Hand die Trommel spielt

Die Hand aus universellem Segen sei dem Felle die
ganze Wahrheit auch
Zieht in den Körper ein als die Rhythmen der
Weltenerde
Erhört und gespielt als die Kunst der Zeit

...und wie die Hand die Trommel spielt

17. Bewegung

Bewegung ist ewige Schwingung
Der Rhythmus der Zeit
Rhythmen als Leben
Bewegung ist Leben und Vitalität
Der Rhythmus der Erde
Rhythmen als universelle Kraft

18. Wie Klänge als Träume erscheinen

Klangtraum
Das Sakral des klingenden Traumes
So ertönen die Klänge der Sterne in uns
Als die Liebe des schwingenden Allseienden
Erscheinung im tiefen Schlafe der Menschen Seel
Als innerer Moment der Unendlichkeit

19. Klanglichkeiten

Klanglich sinnlich
Musikalisch allgegenwärtig
Klanglich erkostet
Musikalisch göttlich
Klanglich erstaunlich
Musikalisch der Essenz
Klanglich universell
Musikalisch unantastbar
Klanglich in Farbe
Musikalisch frei

20. Wie Rhythmen die Welt beherrschen

Wo wohnt in der Welt auch der Rhythmus inne
In Bewegung, Schwingung und in aller Musik
Mensch und Tier
Materium und Geist
Wo ist der Rhythmus seiend in unserer Welt
In Erde, Feuer, Wasser und Wind
Planeten und Sterne
Universum und Pantheon
Wo bewegt sich die Welt auch im Rhythmus daher
In Körper, Geist und Seele
In Realität und Traum
Allem und Nichts

21. Schönlich klanglich

Zurück in der Ästhetik des klanglichen
Hinein ins Weltentum des Schönen
Was ist nicht von Aussicht
Was deine Muse
Geliebt sei alles was auch in Schwingung sei
Von Urklang bis zum Ende
Und wieder zurück

Glückseeligkeiten

22. Glückseeligkeiten

Der Seele glücklich sei das Sein
Kein Sein ohne das liebliche Glück
Das Glück geschenkt der Weltenmutter
Weltenmutter sei das Glück

23. Das vierblättrige Kleeblatt

Zu finden nur in der Andacht der Liebe
Im Vertrauen zum allseienden Ich
Nur eins da ist im Universum des Grünen
Mehr Glück als gedacht da sei das Ich
Ach Kleeblatt ich liebe dich

24. Marienkäfer

Wer vom Glücke spricht
Der kennt sein Sein
Immer aber nur das Dasein allein

Wer vom Glücke da träumt
Der kennt ihn nur allzu gut
Der Marienkäfer gibt mir neuen Mut

25. Freiheit der Glückseeligkeit

Wer da spricht das Glück sei mein
Dem sei der Traum das Glück allein

Wer da spricht der Traum sei mein
Dem sei da das Glück allein

Die Freiheit des Klanges

26. Die Freiheit des Klanges

Jedem Klang wohnt eine Form von Freiheit inne
Jeglich Klang hat in seinen Nuancen und Farben all seinen Ausdruck
Der Schaffung selbst eine zugrundeliegende Freiheit
In der Verschiedenheit seiner Form alle Freiheit der Schöpfung besitzt
Unendlichkeit und die allgegenwärtige Weite
Vom Nichts ins Allseiende
Klang und Klänge niemals endend und vollendet in der universellen Freiheit

27. Welche Klänge auch zur Freiheit führen

Was führt auch nicht zur Freiheit
Was bringt dich nicht in die Weiten der Blüte des Universums
Wenn nicht das Leben und die Klänge der Musik der Welten
Liebe und die liebe Inspiration der Schöpfung
Klänge leben seit Urzeiten in der Seele des Menschen
In Trommel und den Troubadouren der Zeiten
Freiheit zugrunde der allseienden Kreativität
Von jeher bis in alle Ewigkeit

28. Die unendliche Möglichkeit des Klanges

Möglichkeiten leben in aller Realität
Sie sind unendlich und wahr
Vielleicht so wirklich wie alles was da ist
Die Vielfalt des Klangraumes ist so weit wie die
Gestirne der Sterne
Ein einzelner Ton und die ganze Oktave
Sowie die Skala und der Rhythmus der Melodien
Unendliche Weiten in einer niemals endenden
Möglichkeit

29. Die Besetzung

Eines sei der Besetzung dargestellt
Ob im Konvent, in Vier, Drei und allein
Nehmet das Land der Klänge ein
Eines sei der Besetzung impression
Ob Klampfe, Geige oder das Schlaginstrument
Ist das Land einzunehmen auch so intelligent
Eines sei der Besetzung geschaffen
Ob geschrieben, frei oder transkribiert
Wer hat auch die Freiheit nie ausprobiert

30. Kulturelle Freitönlichkeiten

So frei wie der Ton im Raume
Auf welcher Strasse du auch immer deinen Weg findest
Der Barde spielt in jeder Stadt
So frei er auch ist in jeder Farbe
Altkleiden oder in der Moderene fröhnend
Sie ziehn durch die Lande in jedem Gewand
Ob auf der Bühne oder an der anderen Ecke
Der Freiton als kulturelle Freiheit

31. Klangliche Freiheit

Auf welchen Wegen wird die auch so ersehnbare
Freiheit des Klanges erreicht
Auf dem Wege zur Freiheit, atonale Universen auf
tonalem Pfade und auch auf der Leiter in die Skala
zurück auf den Boden der freitonalen Realität
Klangliche Freiheiten sind auf jeder gestrichenen
Version einer orientalen sowie okzidentalen
Oktavierung erschaffen
Wie erklärt sich denn das Universum
Wenn nicht als Allgegenwärtigkeit der Freiheit

32. Wie der Mond wohl singt und klingt

Der Mond klingt in jedem Gemüt so erleuchtend wie
die Sonne am Tage und die See bei Ebbe und Flut
Schwingen und klingen, singen und im Morgenlicht
springen
Der Mond klingt in allen Lebensseelen in Einklang mit
der Mutter Natur
Auf den Planeten und im Universum
Klang, Gesang und ewige Weiten

33. Die transzendale Freiheit der Schwingung

Schwingung besteht schon seit Urzeiten und
Voruhrzeiten
Vor der Weltentstehung und mit der allseienden Zeit
Besteht als das was von allem übrig bleibt
Bleibt als das Leben welches als Erstes war
War niemals wichtig und immermals ewiglich
Wie das Licht, der Schatten und heilige weiten

Ein Papier voller Musik (lyrische Gegebenheiten)

34. Die kreative Vielfalt der gespielten Pause

Wie klingt die Leere
Das Sein der Stille
Die Pause in der Musik
Vielfältigkeit erklingt im Nichts
Raum mit der Dichte der gespielten Pause
Niemals endende Statik in kreativer Energie

35. Hinausgespielt

Draussen in der unendlichen Weite der Klanglandschaft
Weg auf dem Weg der Harmonie
Draussen und hinweg

Hinausgespielt und in der ewigen Improvisation

Draussen, frei und so leicht wie die Feder eines
Schwanes im Mondlicht
Weg auf den Wegen der Freiheiten
Draussen und hinfort

Hinausgespielt und in der immerwährenden Melodie
deiner Selbst

36. Hereinkomponiert

Herein geschrieben, geplatzt, gekommen und komponiert
Alles in einem Zimmer
Seid herzlich willkommen im Hause der geschriebenen Musikalität
Kommt daher und nicht nur einmal ist das Komponieren nur auf einem Blatt Papier
Frei, ja nur frei soll die Komposition den Geist berühren
Die Vielfalt der Zeit im Raume ruhet
Kommt herein in die Seele als der Raum der Zeit
Und willkommen die Musik im Platze des Herzens der Ewigkeit

37. Hinwegtranskribiert

So frei und der Freiheit so würdig
Als dass die Noten aus der Feder geboren werden
In solcher Expression
Dass sie hinwegfliegen wie Möwen über der See
So frei und der Freiheit würdig
Sie fliegen weit und über den Ozean aller Notensysteme daher
In solcher Impression dass sie tauchen wie der Delfin im Meer

...und weitere Lyrische Gegebenheiten...

38. Vom Schaffen, Schaffungen und geschafft sein und haben

So wie wir das Werk auch geschafft haben
Wird der Opus auch geschafft sein
Wie wir es überhaupt geschafft haben konnten
Und im Nachhinein geschafft sind
So sind die Schaffungen geschaffen
Erachtet sei unser Schaffen
So wie auch erscheint das Schaffen unseres Sein und Habens
Unser Glück sei geschafft
Alles werdende im Reiche der Schaffungen
Von Seele und Geist erschaffen

39. Vom Verhelfen, Helfen und den kleinen Helferchen

Die kleinen Helferchen welche uns helfen
und zur Muse verhelfen

Zum Verhelfen helfen die kleinen Helferchen
Helfen und zur Inspiration verhelfen

Die kleinen Helferchen welche uns helfen
und zur Kreativität verhelfen

Die kleinen Helferchen welche uns helfen
und zur Expression verhelfen

Die kleinen Helferchen welche uns helfen
und zur Darstellung verhelfen

Zum Verhelfen helfen die kleinen Helferchen
Helfen und zur Schöpfung verhelfen

40. Bildnisse von Menschen, Zeugnisse von Menschlichkeiten

Von Menschenhand allein erschaffen die Bildnisse des Friedens
Menschen wie Bildnisse als Zeugnisse von Menschlichkeiten
Bildnisse sind in manch Zeiten aber auch nur das Werk für den Betrachter
Zeugnisse der Unfähigkeit und der Unmöglichkeit
Was nicht allzu einer da zu Tränen führen mag
Der Optimismus aber darum kann auch an Abbildern von Menschlichkeiten
und Zeugnissen des allseienden Friedens gefunden werden...

41. Gesprochen, versprochen und ausgesprochen angesprochen

Gesprochene Worte und versprochene Tatsachen
Der Wahrheit halber und was auch immer
Das Vertrauen ausgesprochen und wahrlich
Der Ehre getreu und was ist denn die Wahrhaftigkeit
Sei das Thema angesprochen
Jeder in der Erwartung der Vernunft

42. Vom Schwingen, Erringen und Gelingen

Der Klang ist die Allseinende Schwingung in sich
Sie ergibt sich nicht einmal dem Unendlichen
Klänge erringen die Macht der Unendlichkeit
Zum gelingen der Vielfalt der gespielten wie gehörten Musik
Schwingungen können nur gelingen
Sowie ihr Erringen
Auch Misstöne Schwingen

43. Vom Sein, Werden und dem werdenden Sein

Alles was Schwingt besitzt auch sein Sein in unserer Realität
Es entwickelt sich und sei dem Werden gegeben
Obwohl es im Werden auch da ist
Nichts als sein
Alles am werden
Das werdende Sein sei allem inne
Ob es werde alt oder so lebendig ist wie die Jugend
Der Wachsamkeit erwacht und ewig im Sein

44. Individuen, Ideale und sonstige Freiheiten

Alles scheint oder sei da frei auf Weltenerden
Der Unterschiedlichkeit halber und doch gemein
Ideale sind am Besten die Ideen der Individualität
Unglaublich Wertvoll und geschätzt
Und alles was sonst so existiert
Geschafft aus dem Glück der Freiheit

45. Gedachtes, denkendes und die glorreichen Andachten

Wenn wir so in der Andacht auch denken
Finden so alle ihre Denkens Freiheit
Was gedacht da ist
Sei auch alleweil ewig denkendes
Gedachtes und Wiederdenkendes
Denkendes und Gedachtes
Die glorreichen Andachten des Denkens

Gegebenheiten über das Geben und Nehmen

46. Die Erfüllung des Gebens

Das Geben ist die Geste der Seele und des Geistes
Wer zu geben vermag der erfährt die Glückseeligkeit des Lebens

47. Die Dankbarkeit des Nehmens

Ist dir ein menschlich Wesen auch so dankbar deines Gebens
Ihm geholfen und erfüllt zur Zufriedenheit
Sei dir ewig da des Dankes
Und die Seele scheint aus allen Tiefen

48. Ihre Heiligkeit

Die Heiligkeit des Gebens und Nehmens
Gesten der Vernunft und der Dankbarkeit
Erfüllung durch die Ehrlichkeit und des Lebens Vernunft

49. Vom Geben und Vergeben, Nehmen und Vernehmen

Des Gebens Vernunft und des Nehmens in Ewigkeit vergeben
So vergebe ich deiner Seele des Gebens Wille
So vernimmt die Seele deiner in Andacht an die Vernunft
Des Nehmens Allgegenwärtigkeit und des Gebens Liebe

50. Vernunft des Gebens

Die wirkliche Vernunft des Gebens
Die innere Gegebenheit des gebenden Menschen
Die Geste der allseienden Liebe

51. Vergeben genommen

Nimmt und nimmt ach vernehmet
Auf Gedeih und dem Verderben

Vergeben genommen

Da und dort und überall
Auf sei doch deines getreu

Vergeben genommen
Vergeben gegeben ist vergeben

Aus Dankbarkeit das Omen da sei

52. Geben

Geben ist so einfach wie ein gesprochener Laut
Und doch so schwer wie ein geschriebenes Wort
Geben erfüllt die Seele mit der allseienden Leere
In Erfüllung der geistigen Vernunft
Vom Geben und dessen Fülle

53. Nehmen

Nehmen ist vielleicht auch die Geste einer Dankbarkeit
Und doch nicht allerachtens nur der Achtung
Nehmen erfüllt die Seele mit der allseienden Fülle
So ist Leere und Fülle eins
Vom Nehmen und dessen Leere

Gegebenheiten vom Bleiben, Verbleiben und der Bleibe

54. Immerwährend niemalsbleibend

So sind die Menschen Nomaden und niemalsbleibend
Stehts in Bewegung und von Ort zu Ort
Man spricht von Freiheit
Immerwährender Freiheit
Niemals bleibend sei nur wer nicht rastet

55. Während und immerbleibend

In ein Ort so verliebt in Herzenstiefe
Immerbleibend der Sinn des Verbleibens
Hier bin ich zuhause in Mitten der ewigen Liebe
Währt so immer auch nach dem Überleben deiner Ahnen

56. Währenddessen im Bleibtum

So ist die Mitte dort wo dein Leben innewohnt
Dessen Bleibtum ruht in Energie da ewig
Währenddessen bewegt sich die Welt um dich herum
Wie die Planeten und das Universum

57. Wo auch immer immerwährendes währt

Es waren Jahrtausende vorbei
Weg geschnitten aus Zeit und Raum
Wie im Herbste die Blätter da fliegen vom Raume der Weltenerde
Und gehn in die Ewigkeit der Erde ein
Was auch nährt im Seienden des Weltengeistes
Immerwährendes ist ewig während und nicht von Nichten
Was sei denn auch von allen Zeiten
Niemals für immer aber trotzdem da
Und welch Gestirn sei da und alles Sein für immer
Kein Wort ist ewig und auch sehr der Ewigkeit
Immerwährendes ist seiend in Wort, Klang und auch im Bilde
Denn das Vergessen ruht da wo die Sterne aufhören Sterne zu sein
Und das Universum dem Allseienden die Hand gibt
Wo auch immer immerwährendes währt
Da sei was währet

Musikalistisches

58. Geräusche und andere Gefilde

Aus Geräuschen lebt das Leben der Seelen
Vom Leben entsteht das Geräusch
Wo auch immer das Leben lebt
Rauscht das Geräusch des Lebens

59. Gefilde und andere Geräusche

Gefilde umherrschen die Welt der Lebewesen
Umhegen sie
Umlieben sie
Umreisen sie
Umklingen sie
Gefilde von unvorstellbarer Kraft und Form
Sie klingen
Sie schwingen
Sie leben
Sie sind

60. Tongefilde

Die Geräusche der Welt liebkosen das Ohr der Erde
Die Musik spielt Gefilde wie Teppiche aus Samt
Dicht oder doch nicht so
Verpackt in den Weiten des Universums

61. Geräuschlichkeiten

Wie die Geister so schön sprechen
Die Welt entstand durch die Geräuschlichkeiten
So hat alles was entsteht und entstand ihre Geräuschlichkeiten
Wie die Geister so schön sprechen

62. Was alles so tönt und klingt auf unserer Welt

Eigentlich ein Wunder wie und was in Schwingung ist und sein kann
Was das Lebewesen fast nicht zu hören vermag
Was so laut und jedermanns Ohr
Tönen und klingen sei so in verschiedenen Nuancen
Das sogar der alte Stein und der Hein in Schwingung da tönt und klingt
Ohne Ton und Klang keine Farbenpracht
Nicht sichtbar aber das Spiel und Leben
Für unser Bewusstsein und das Hören

Lyrische Gegebenheiten über Authentizität und Echtheit

63. Authentisch und echt

Authentisch der Echtheit halber
Ehrlich und echt
Authentisch der Liebe halber
Selbstlos und ehrlich
Authentisch des Menschen halber
Mitfühlend und selbstlos
Authentisch des Friedens wegen
Friedliebend und mitfühlend
Authentisch der Muse wegen
Kreativ und friedliebend
Authentisch des Lebens wegen
Echt und kreativ

64. Authentisch verführerisch

Was authentisch scheint
Scheint in allen Farben
Verführerisch der farbenprächtige Frosch im Amazonas
Sei dahingestellt ob der Ehrlichkeit oder auch nicht
Da wirkt jedweder ach so echt
Aber was ist denn der Authentizität auch wirklich würdig

65. Authentisch musisch

So authentisch wie die liebe Muse kann keiner sein
Musisch echt und authentisch musisch
Die wahre Kunst liegt in der Ehrlichkeit und der Wechselwirkung von Ausdruck und Inspiration
Was auch nur so von der Güte erscheint
Oder aber von der Welt nicht geschätzt
Alles was der Seele würdig und des Geistes sanft und lieb
Sei dem würdig was authentisch heisst

66. Der Echtheit halber

Was der Mensch auch macht
Der Echtheit halber
Was geschieht auf dieser Welt
Der Echtheit halber
Bewegung und Bewunderung
Der Echtheit halber
Bewirkung und Eindruck
Der Echtheit halber
Ausdruck und Erscheinung
Der Echtheit halber
Liebe
Der Echtheit halber

67. Echt

Echt wie der Edelstein aus dem Berge
Echt sagt die Verwunderung ob es auch wahrlich ist
Es ist echt falsch die Welt nicht zu akzeptieren
Ist der Mensch nicht echt, wenn er nicht an die Echtheit der Liebe glaubt
Echt
Ein Wort das so echt ist wie die Zeit zu sein scheint

68. Echtheit und Vergangenheit

Echt ist die Zeit die bleibt
Von gestern, vorgestern und von vor Urzeiten
Erinnerung und Traum
Weltentraum und Erinnerungsschatz
Aber was ist an einer Vergangenheit denn noch wahr, wenn die Zeit in sich vergeht
Vergangene Zeit und die Erinnerung bleibt

69. Was ist wahrlich echt

Wahrlich echt ist alles was Natur ist
Natur des Menschen
Natur der Lebewesen auf diesem Planeten
Natur von Allem und Nichtem
Wahrlich echt
Von Natur aus

70. Vom Echten, Achten und Ächten

Wird echte Wahrheit geächtet
nur weil sie das beschreibt was ist und war
Der Echtheit halber geächtet
Wird die Wirklichkeit nicht beachtet
nur weil sie das Leben beschreibt
Der Wirklichkeit wegen missachtet

...und noch weitere lyrische Gegebenheiten...

71. Frei erfunden (Über das Finden von Gegebenheiten)

Auf der Suche nach den Gegebenheiten welche frei zu erfinden sind
Aus der allseienden Quelle geschöpft
Mit aller Himmels Inspiration die durch unseren Körper fliesst
Erschaffen aus der Allgegenwärtigkeit der immerwährenden Kreativität
Ob in der Kunst der Musen
Den Künsten und all unseren Leidenschaften
Finden und frei erfunden
Gegeben und aus aller Tiefe geschaffen
Woher auch all das wohl kommen mochte
Wie auch immer es zu erschaffen war
Es wurde unter dem Monde und am Tage unter der Sonne der Entstehung wahr
So dass die Schöpfung sei immerdar

72. Mit Gespür auf der Spur der Spuren oder Spurensuche

Auf den Wegen der Spuren
Auf Menschenerde kultiviert
Vorzufinden am Boden der Mutter Natur
Bis in die Höhen des Himalaya
Den Winden über den heiligen Bergen
In den Tiefen des unendlichen Ozeanes
Spuren sind zu finden da
Aufgespürt und Wege sind gegangen
Sind immerdar im Traume wie in unserer Realität
Mit Gespür und der Freinheit des menschlich Wesen
Wandern wir von Leben zu Leben
Von Ort zu Ort
Von Mensch zu Mensch

Lyrische Gegebenheiten über Bildnisse und Bilder

73. Bildnisse und Götzen

Was bildet das Auge sich auch ein
Offen die Welten zu sehen
Bildnisse und Götzen
Vielleicht die Götzen der eigenen Ästhetik
Oder auch einfach liebevolle Bildnisse von Mensch und Weltenerde
Jedweder ist die Welt der Bilder einfach nur da
Jedoch auch nur scheinbar
Denn das Nichts ist allseiend
Sowie alles was wir zu haben scheinen

74. Bild

Wie alt es auch schon ist
Und wo die Abbilder der Kultur erscheinen
Auf Stein und Holz
Oder auch vergänglich in Sand
Erschaffen von aller Farbenpracht
Für eine Welt von Friedfertigkeit

75. Bildnisse von Kultur

Geprägt von uralter Zeit
Gesungen und gespielt
Gelaufen und gegangen
Gezeichnet und mit universeller Liebe gemalt
Für uns und die vor uns auch im Geiste
Für jeden und für die die kommen

76. Bildnisse fürs Leben

Immer in der lieblichen Seele des menschlich Wesen
Traum von Weltenerderde
Niemals verlassen und aufgehend in der Sonne der unsterblichen Bildnisse fürs Leben
Ewig während und niemals verlassen

77. Bilder im Walde der Bilder

So unendlich wie die Sterne am Himmel
Rätselhaft wie ein Pfad mitten durch die Wüste des Lebens
Bilder mehr Bilder
Der Eindrücke wegen
Schwarz wie die Nächte und leuchtend wie das Mondenlicht
Bilder im Walde der Bilder
Ewig der Weite
Die Landschaft nie endet

78. Bildnisse von Zeiten oder Bildnisse der Zeit

Monumente, Artefakte, Bilder und Skulpturen
Hörbares, Sehbares und Unfassbarkeiten
Musik, der Tanz und Rituale der Unvergänglichkeit
Unvergesslich und alles was die Zeitlosigkeit schreibt

...noch weitere lyrische Gegebenheiten...

79. Artefakte (eine lyrische Erzählung)

Was bleibt übrig aus der Welt unserer Ahnen
Artefakte der Zeit
Verbleibnisse der Ewigkeit
In die Zeit die Seelen der Welt sie da reisen
Niemals vergangen in den Weiten der unsterblichen Landen
Für die Zeiten der Ewigkeiten
Was zuvor und was danach
Gemeisselt in Stein und geschnitzt aus Holz
Gespielt in der allseienden Musik der Welt
Und gesungen in die Winde der Gezeiten
Wiederhallt an den Bergen voller Hoffnung
Ein Geschenk zur Welt
Im Traume vollendet

80. Skulptum

Zeugnisse von Zeiten
Abbilder für die Ewigkeiten
Wandelnd und immersciend
Als auch vergehend wie der Sand in der Sanduhr
Epochale Bildnisse für des Friedens Allgegenwärtigkeit

81. Das Sakral der Menschlichkeit

Menschlichkeiten sind ein sehr heiliges Gut
Menschen sind Menschen
Frieden ein Sakral der Möglichkeit
Denn der Glaube an das Sakral der Menschlichkeit
Eine unabdingbare Chance zur Glückseeligkeit

82. Freiluftskulpturen

Freiheit ist ein Bedürfnis vom Menschsein
So jedes Lebewesen ist es seit jeder Zeit der Ahnen
Freiluftskulpturen als Vermächtnis des Chronologes
unseres zeitlosen Universums

83. Reliquien aus freier Gestalt

Wie frei kann ein Mensch sein
Also auch wie frei er sein will
Über Kopfe und Überhaupt
Im Herzen ist jeder frei

84. Stosszahn, Elfenbein und sonstige Affen

Was auch nicht der Natur angehört
Unerhört
Schätze die bleiben müssen und nicht auf der Theke des
Verkaufs
Zerstört und nicht respektiert
Nur der Affe ist so flink
Lass den Elefanten bitte leben
Denn nur der Zahnarzt zieht Zähne raus

85. Der Verlauf der Welt oder Wieviel sie auch kostet (Eine lyrische Gegebenheit)

Wieviel sie auch ausmacht
Vielmehr sie kostet
Unbezahlbar, aber durch Liebe erschwinglich
Gespieltes Notenpapier
Gefilde der Macht
Was es wirklich nicht ausmacht
Moneten die nicht existieren
Kneten die hierarchieren
Geld kann man nicht essen
Und kein Tod ist auch nicht bezahlbar
Immer und immer so käuflich die Skulptur
Was früher geteilt und getauscht
Heute nur durch Metall und Papier gekauft
So teuer sie auch erscheint
Ein Spaziergang im Walde ist gratis
Und sicher meine Teure ich liebe dich

86. Freizügigkeiten

Freie Gestalt und leidenschaftliche Liebe
Lebende Freiheit und das müssige Tun
Alles was ich mir erlaube
Und welche Freude da auch herrschen mag
Wein und die Weisheit
Früchte der Lüste
Und jedem was jedem genehm
Ob der Glaube auch der Muse tut
Und jedem das Seine
So lang lebe des Friedens Mut

87. Der Wegzoll zum Himmel

Pantheon voller menschlich Wesen
Zahlbares Kreuz
Der Tod ist unbezahlbar
Wie auch immerbleibend
Visionen voller Hoffnung
Die Aussicht ins Paradies
Was auch zum Himmel
Alles sei geliebt

88. Silhouetten verschiedener Dinge

Die Umrandung der Erde
Die liebliche Silhouette einer Frau
Alles gezeichnet als Abzeichen der lebenden Form

Schattenzeichnungen von Existenz
Bezeichnungen von Figur

Nichts als ein Abbild von Schönheit und Ästhetik

Kurven von Muse
Rahmen von Bildnissen

Wie gezeichnet die Mutter Natur
Geliebt die Unendlichkeit des Universums

89. Warum ist der Schatten auch nur so dunkel und grau

Ich suchte dich im Schatten eines tiefen Traumes
Nichts da böse und alleweil liebhaftig
Nur warum ist der Schatten ach so grau
Nur so dunkel wir empfinden
Denn der Schatten spendet klares Denken bei Sonnenschein
Und wir Schlafen auch meist nur in Dunkelheit
Wie eine Umarmung, welche das Kind am Rockzipfel hängt
So Licht wie Schatten sei ein Segen für jedes Kind

90. Von Anzug, Aufnahme und Langspielplatte

Die Aufnahme zieht an
Solange die Platte spielt
Der Smoking perfekt zur Darstellung
Für eine Echtzeitaufnahme der beste Boden
Wir ziehen an
Keine Anzüglichkeiten
Ausgenommen aufgenommen
Lange gespielt
Und platt vor Freude

Lyrische Gegebenheiten über die Einfachheit

91. Die Vollkommenheit der Einfachheit

Einfache Dinge mit grosser Wirkung
Gegebenheiten voller Einfachheit
Wohlgefühl und ein einfaches Sein
Das Dasein ist die Glückseeligkeit der Einfachheit
So vollkommen wie alles was einfach da ist

92. Vollkommen und einfach

Der Mond
Er scheint in allen Nächten in Sichel, Kugel und von Nichten
Ist einfach da so selbstverständlich für alles was da lebt
Sei es denn eine Selbstverständlichkeit fragt sich

Oder ein Sandkorn in der fernen weiten Wüste
So einfach und klein
Sich ergänzt zu einem fantastischen und unglaublichen Wunder des Ganzen

93. Vollkommen einfach

Wer sagt denn das Leben sei so vollkommen einfach
Danke zu sagen oder ja
Zu laufen, springen, atmen und singen
Schenk mir bitte ein Lachen
Es ist das simpelste und wunderbarste was du mir geben kannst
Umarme mich herzlich
Eine Geste der Herzlichkeit und ebenso vollkommen
Küss mich fest und mein Herz sei dein
Liebe die Welt und alles Glück gehört dir

94. Vollkommen

Alles und Nichts
Du und Ich
Kind und Mutter
Vater und Sohn
Freiheit und Glück
Liebe und Emotionen
Bruder und Schwester
Niemand und Jeder
Meer und See
Tier und Pflanzen
Sterne und Mondenlicht
Vollkommen

95. Einfach

Es kann so der Einfachheit sein
Einfacher geht es nicht
Scheint so schwer und nicht machbar
Schwieriger kann die Einfachheit nicht aussehen
Spannend wie verschieden die Einfachheit sein kann
Einfach wie Liebe und schwierig wie desgleichen
Komplex wie unser Universum
Aber alles ist wirklich einfach so da

Stil

96. Stilkultur

Von Edelkeit und voller Kultur
Gemalt von Mutter Natur

Von Echtheit und voller Authentizität
Das ist wenn die Kreativität den Schöpfer berät

Von Ästhetik und voller Musenhaftigkeit
Erschaffen und die Zeitlosigkeit gedeiht

Von Reinkultur und voller Inspiration
In Erscheinung getreten von universeller Kreation

97. Reinstilistik (Stil in Reinkultur)

Stilistiken in aller Echtheit
Der Purismus in Reinkultur
Die Reinstilistik ein Genre des Unikates
Authentisch und unverkennbar

98. Zusammenfügungen von Stilistiken

Der Eklektizismus ist eine weit verbreitete
Anwendungskultur
Eine Fusion von Stilistiken der Welt der Zeit
Stilübergreifend und neues sei geschaffen

99. Der stille Stil

Künstler der stillen Szene
Schöpfung in Siletium
Der Klang sei im Geiste erhört
Und sie spielten bis in die unsterblichen Landen
Die Darstellung allseiender Kunst
Leise, filigran und dem göttlichen Ohre erhört

100. Seltene Stile gründen tief

Je seltener der Stil auch sei
Rar und unberührt
Frei von jeglicher gängiger Art
Für tiefe Seelen wie geschaffen
Sie gründen in der Unendlichkeit
Sind da seiend für Farben von barer Seltenheit
Lande die sind unentdeckt und von paradiesischer
Schönheit
Unerkäuflich und ein unerdenkbares Juwel

101. Seltenheit der Stileinheit

All zu sehr der Seltenheit ist es wohl doch nicht
Und vor lauter Vielfältigkeit eine Unabdingbarkeit
Was ist denn nur die Bedeutung von selten
Die Stileinheit nicht in allen Sparten
Fast ein Paradoxon die Seltenheit
Nur Vielfalt und Seltenheit der Purismus
Und so weiter geschehen in einer Familie
In Liebe zu aller Art

102. Was den Stil wirklich rar macht

Alte Zeit und neue Hosen
Neue Kleider und ein altes Haus
Der altkleidene Mann
Die moderne Frau
Die farbenfrohen Kinder
Und die Grosseltern in aller Seeligkeit
Freunde sind unabdingbar
Und die Bekanntschaft mit der Liebe
Allgegenwärtig

103. Dimensionen einer Stilkultur

Fast nur in einem Satz erklärbar so
Eigentlich sei die Stilkultur Multidimensional
Überall zu Hause und in aller Liebe
So weit wie unser Universum und dessen Vielfalt
Und doch so nahe wie das Herze deiner

Lyrische Gegebenheiten über den Geist der Musik

104. Lass die Musik spielen oder So spielt die Musik

So spielt also die Musik sich selbst daher
Lass sie gehn und lass sie spielen
Lass sie fühlen und gedeihen
Lass sie sich selbst sein und ihre Wege gehn
Lass sie erklingen so dass sie niemals verstummt und zergeht
So spielt also die Musik sich selbst einher

105. Pantheon der Künste der Zeit

Im Geiste weilen die Götter der Kunst
Im Pantheon jeglicher Kreativität
Künste leben vom Geiste der Zeiten
Und sind ewig während da seiend
Jegliche Schöpfung unabdingbar heilig
Geschaffen aus des Geistes Vielfältigkeit
Die Liebe zur Leidenschaft der Inspiration

106. Wo die Musik wohl nach dem Ohre wohnt

Wohl da wo die Engel sind
Oder besser da wo die Liebe wohnt
Dort wo sie stehtig bleibt
Als auch da wo sie sich bewegen kann
Wo sie schwingt und klingt
Dir ein Lied der Liebe singt

107. ...und wie Musik auch Farbe erhält...

Die Farbenvielfalt der Musik ist ein niemals endender
Herbst mit seiner Farbenpracht
Und wie die Gefühle und Sensationen die Klänge
einfärben
Zur Kolorierung braucht es viele Facetten
Von Laute zu Laute
Von Trommel zum Klavinett
Die Zauberei der Onomatopoesie
Die Götter der Klangmalerei
Der Segen der Kunst der Zeit
Es färbt sich ein wie der Pinsel das Bildnis
Alle Traumes Kraft nennt die Musik als universelle
Kunst
Stell dir vor was sie zum Bilde und den Farben macht
Die unglaubliche Kraft der Imagination der Klänge im
Traume

108. Wie klingt das was klingt

Die Zeit und das Universum als Klangkörper alles
Klingenden
Wohl zu Ohre die Klänge aus aller Pracht
Und die Geschichte begann sogar vor der Zeit aller
Zeiten
Geräuschgefilde und der grosse Knall
Dem Tage Heute eine Vielfalt an Klängen und dessen
Geschenk vom Allseienden
So klingt das was klingt in die Ewigkeit hinein

109. Und wie dann die Musik auf den Körper einher fliesst

Der wunderbare Einfluss der Schwingung auf den menschlichen Körper
Er spürt und fühlt die Klänge mit aller sensorischen Kraft
Wunderschön und herzenserwärmend
Phantastisch wie Lebewesen auf die klingende Musik reagieren
Sie aufsaugen und sie so wohlfühlen lässt
Belebend und voller Freude
Melancholisch und auch für des Traumes Träne
Entspannung nach des Schaffens Schöpfung
Idealismus zum eigenen Sinne
Liebhaftigkeit in Unendlichkeit
Träume der Musik sind unendlich und da

110. Wie klingt das was nicht mehr klingt

Dort wo es nicht mehr klingt ist der Klang unendlich und ewig
Dort wo alle Klänge ihre Nacht vollbringen
und ewig klingen
Dort wo sie unglaublich und phantastisch für sich schwingen
und im Regen wieder auf Erden erklingen
Dort wo sie niemals verstummen und die Engel die Melodien summen

111. Geister der Musik

Wenn die Geister die Musik spielen lassen
Spielt die Ewigkeit
Lass sie zelebrieren von Geisterhand
Denn sie seien allliebeswärtig und getränkt im Flusse der heiligen Musen

112. Unsichtbar zum klingen bringen

Nicht von Sichten und von Nichten in Erscheinung
Frei erfunden
Gefunden im Pantheon der Künste
Dort wo der Geist der Musik auch innewohnt
Aus dessen geschöpft und zu Erden gebracht
Somit die Welt geküsst und ewig liebend in Seintum gemacht

113. Zum Schaffen eines Werkes

Sei es die Sinnfrage für welche Werke entstehn
Oder aber die Frage der Wirkung von Muse und Inspiration
Immer doch die innige Leidenschaft zur Schaffung
Und wieder zurück zu den Wurzeln der Schöpfung
Zur Quelle aller Vielfalt und zum Grunde der universellen Künste
Kreativität, Machen und die schaffenden Allgegenwärtigkeiten
Ob der Ton, die Pinsel und Rahmen
Oder auch nur der Gedanke sei Inspiration zum Opus
Der Boden aller Schaffung sei die Inspiration
Der Ausdruck und die allseiende Kreativität im Menschen
Zur Verwirklichung des Inneren und dessen Werke der Wahrheit
Und so wird dann der Geist der Schöpfung in alle Wahrheit getragen

114. Wirkung eines Werkes

Impressionen aus dem Museum Weltenerde
Expression aus der Leidenschaft des Künstlers
Sensationen aus der Laute des Barden
Emotionen der Lebensweise der Bedeutung
Inspirationen für die Wesen auf der Mutter Erde
Was weckt es auch hervor
Welch Gefühl des Künstlers Werke
Unglaublich und aus tiefster Muse für den der sich öffnet

115. Das musikalisch künstlerische Werk

Der Opus als Ode an das universelle Seintum
Das Werk als Ausdruck des künstlerischen Schaffens
Das Sein des Schöpfers als tiefe Inspiration
Von allem was auf Erden und in den Zeiten entstanden
Sei hochgeehrt und in voller Achtung
In tiefer Leidenschaft als das musikalisch künstlerische Werk

Ob geschaffen in Inspiration der Improvisation
Oder auf dem Papier in Notation
Arrangiert und Komponiert
Die Schöpfung sei in allen Farben allgegenwärtig
Der Musikus als seiender Künstler
Sein Instrument die Muse
Die Komposition ein Gedicht
Die Darstellung dessen Ausdruck
Von Impression und Expression
In aller Seins Menschlichkeit
Als das musikalisch künstlerische Werk

116. Vom Schaffen der Schaffung

Sei ein Prozess der inneren Muse
Der Ausdruck von Kreativität
Die Umsetzung der Passion und deren Imagination aus der Schöpfung unendlicher Quellen
Erschaffen und bleibend auf dieser Welt
Geschaffen für das was ist und was kommen mag
Kunst ist bleibend somit in aller Ewigkeit

117. Schaffensgründe diverser Individuen

So vielfältig seien die Individuen
So viele Farben hat die Erde und das Universum
Schaffensgründe so unterschiedlich und so zahlreich in der künstlerischen Schaffung
Individuen als die Artenvielfalt unserer Existenz
Unzählbare Erscheinungen überall wo etwas in Schwingung sein mag

118. Zur Einfärbung von Klängen

Wo die Emotionen mit Sensationen im Einen sprechen
Liebäugeln sie mit der Macht der Vibrationen
Wo Bilder zu Klang werden
Liebt unser Gehör was das Auge sieht
Wo Tasten und Saiten mit dem Musiker Hand in Hand da gehn
Liebkost der Ausklang das Gefühl von Freiheit

119. ...und was da alles zum klingen gebracht werden kann...

Alles klingt und schwingt auf Mutter Erde
Von Mensch und Tier
Zu Feuer, Wasser, Wind und Erde
Elemente der Ewigkeit
Zum Klange der Welt

Ethos (Lyrische Gegebenheiten)

120. Wandelbare Kulturen

Wenn Kulturen als wandelbar erscheinen, leben sie in der Erweiterung der Zeit.
Reisen über ihre lebende Tradition, welche geliebt und erhalten.
Veränderung scheint als Progression des ureignen Seintums.
Der Wandel der Kultur.
Wechselfähigkeit eines wandelnden Volkes.
Anpassungsfähig ist der Einfluss und die Magie der Weltenvölker im Gange des Lebens.

121. Kulturen im Wandel

Es sei kein Vergehen wenn die Kulturen wachsen und gedeihen.
Gegeben ist der Welt nur Toleranz, Anmut und Respekt.
Akzeptanz in den Lagen der Mühseeligkeit.
Zuhause sein auf den Wegen der Ethik.
Wanderschaft als Weg des Seins.
Seit Urzeiten Wandeln die Völker der Erde.
Zur Freiheit, Liebe und der Vernunft.

122. Kulturen der Zeit/Kulturen der Ewigkeit

Welche Kultur jeglicher Zeiten
Nicht angehören den Ewigkeiten
Von Zeiten und Ewigkeiten
In Ewigkeiten gesprochen von Zeiten
Jegliche Kulturen auch von Vergangenheiten
Überleben im Traume
Ewig sein im Raume

123. Jedem seinen Platz

Schon seit Urzeiten, ob wandernd oder am Orte
Menschenwesen finden Plätze der seienden
Zugehörigkeit
Wandernde Völker im Hier und Jetzt
Seiende Menschenkulturen an Orten der Welt
Gegangen, Vergangen, zwingend verkommen
Jedoch in Liebe, Anmut und Vollkommenheit
Sind auf der Mutter Erde
Tränen werden zu Flüssen der Vernunft

124. Wandelnde Skulpturen

Skulpturen die Wandeln
Von Zeit zu Zeit und Ort zu Ort
Als ob sie nicht von Museentum ausgestellt würden
Kulturwandeln im besten Sinne
Von verbleibenden Relikten bis in die alte
Wanderschaft
Gestalten und Geschöpfe der Kultur
Verbleibend in der Zeit des Wandels
Wenn auch schon immerwährend der Exodus da lebt

124. Von Geboten, Booten und Briefboten

Als höchstes Gebot die Liebe zum Menschen da sei
Briefbooten als abgesandte des Vermissens
Als ob die Boote da leer ankommen
Das oberste Gebot der Achtung
Die Vernunft des Allgegenwärtigen
Der Brief der Menschlichkeit gelesen von allen Seelen der Welt
Als das Leben vor dem Tode
Geschätzt und freie Völker leben auf Mutter Erde

125. Wo die Ethik wohl stecken blieb

Beachten, achten und die Besinnigkeit
Das Dankeschön für die Ode des Lebens
Wo auch ist denn die Besinnung an dessen Möglichkeit
der Ethik des kulturellen Lebens
und den Willkommenschaften
Auch was von früher und den uralten Zeiten so blieb

126. Ethik der Zeit

Im Hier und Jetzt soll die Zeit Ethik geniessen
Wenn die Uhren auch richtig ticken und die Zeiten es zulassen
Soweit nicht die Grenze sich selbst im Wege steht und der Mensch sich bedenket
Zeit in der Zeit schätzen mag
Die Ethik erzählt von Zeiten ohne Grenzen und Toleranz anderer Zeitenwesen
Geschichte der Zeiten
Zeiten der Geschichte
Wenn es doch mal anders wär

127. Von der modernen Wanderschaft

Wanderschaften der Neuzeit
Ein Exodus der schon lange einhergeht
Grenzen gibts da keine
Wohin auch mit Zäunen und Barrikade
Vertriebene wandelnde Seelen
Woher sie auch her kommen können und die Wege hinführen mögen
Moderne Wandervölker
Fragt sich was die Reise erzählt
Wie die Wanderschaft erklärt und dargestellt werden kann
Alle Wege frei begehbar
Obwohl Grenzen nicht ihrer Einfachheit zu begehen sind

128. Leben und überleben

Überleben wie ein Tier im Walde
Ständig getrieben von der Macht der Ungewissheit
Reisen ins Nichts und ausgerissen des Überlebens halber
Andere Orte besseres Leben
Geflüchtet aus Fessel und Hieb
Gestrandet an den Ufern vom Niemalsland

129. Wahlwanderschaften

Wandern ist die beste Gunst für ein neues Leben
Wählen wohin nicht immer die Freiheit
Wohin auch immer
Woher als auch
Die Wahl der Wanderschaft schafft die Wahl des Wandernden
Hin und wieder zurück

130. Ethos (Eine kurze lyrische Gegebenheit)

Findet die Welten Erde ihren Weg durch Wald und Berge
Wege der Gerechtigkeit
Völkerkultur der Vernunft
Eine lebende und friedvolle Kultur
Geborgenheit für die Kinder der Welt
Offene Welt und interkultureller Frieden
Hoffnung und Achtung von Herzen

Und zu guter Letzt...

131. Zum Menschen, Menschsein und der Menschlichkeit

Menschen seien in der Existenz von Mutter Natur
Als seien sie ewige Wesen wie alles was Schwingt
Menschsein sei nur die Liebe
Liebe sei Menschsein
Alles was Mensch ist kann vergehn
Nur die Blüte und der Sonnenschein
Sagt mir ach du Seelenschein
Der Geist sei ewig und die Liebe im Sein

132. Kreativ, inspirativ und karitativ

Kreativität zur Menschlichkeit
Menschlichkeit ist Liebe
Liebe zur Menschenkultur
Menschenkultur für den Frieden
Der Friede ist allseiend
Vielleicht sind wir gerne karitativer Inspirationen
Denn der Mensch hat es verdient

133. DU

Eine Geste für dich
Liebe für alle
Du
Mein Gegenüber
Du
Meine Liebe
Ein Lachen für dich
Wer nicht sagt du...
Du
Meine Liebevolle
Du
Die Philosophie
Ein wenig Frieden für dich
Menschlichkeit
Du
So sei die Welt
Du
Die der Frieden für sich
Ach du
Der Liebe wegen
Du seist Engel und desgleichen
...Dankeschön...

134.. ... und was wohl kommen mag...

Wer weiss auch was kommt und geht
Ist, war und wird da sein
Alles ist da seiend auf den Welten des Universums
Hin und wieder zurück
Sein und Liebe
Niemals vergessen und ewig die Seel